Leo och Vänners Äventyr: Engelska och Svenska Äventyr

Artici Kids

Published by Artici Kids, 2024.

While every precaution has been taken in the preparation of this book, the publisher assumes no responsibility for errors or omissions, or for damages resulting from the use of the information contained herein.

LEO OCH VÄNNERS ÄVENTYR: ENGELSKA OCH SVENSKA ÄVENTYR

First edition. July 6, 2024.

ISBN: 979-8227827722

Written by Artici Kids.

Table of Contents

The Daring Zebra and the Circus Adventure

In the heart of the African savanna, where the tall grasses swayed in harmony with the wind, lived a zebra named Ziggy. Ziggy wasn't your ordinary zebra; he had a penchant for adventure that often led him into amusing predicaments.

One sunny morning, as Ziggy grazed near the edge of the jungle, he overheard whispers carried by the breeze. "The circus is coming to town!" The news spread like wildfire among the animals. The mere thought of dazzling acrobats, funny clowns, and daring daredevils made Ziggy's heart gallop with excitement.

Determined to be part of the circus magic, Ziggy trotted to the clearing where the circus was setting up. There, he met the ringmaster, a tall giraffe named Geoffrey. "Sorry, my striped friend," Geoffrey said with a gentle smile, "we already have enough performers."

Ziggy's heart sank. He wanted to prove that even a zebra could dazzle the audience. As he turned away, he noticed a commotion near the big top. The lion tamer had fallen ill, leaving the fierce lion, Leo, without a partner. Without a second thought, Ziggy dashed into the ring.

With a blend of bravery and silliness, Ziggy performed tricks he never knew he could do. He balanced on a tightrope made of vines, juggling coconuts with his hooves, and even tamed Leo with his charm. The audience cheered with delight, and Ziggy felt like the star of the show.

As the sun dipped below the horizon, Ziggy bid farewell to his newfound circus friends. Geoffrey approached him with a gleam in his eye. "Ziggy, would you like to join us on our journey to the next town?" Ziggy nodded enthusiastically. And so, Ziggy the daring zebra became a beloved member of the circus troupe, spreading laughter and wonder wherever they went.

Den Modiga Zebran och Cirkusäventyret

I hjärtat av den afrikanska savannen, där det höga gräset svajade i harmoni med vinden, bodde en zebra vid namn Ziggy. Ziggy var inte som vilken zebra som helst; han hade en förkärlek för äventyr som ofta ledde honom in i roliga knipor.

En solig morgon när Ziggy betade nära djungelns kant hörde han viskningar som fördes med vinden. "Cirkusen kommer till stan!" Nyheten spred sig som en löpeld bland djuren. Tanken på bländande akrobater, roliga clowner och djärva våghalsar fick Ziggy's hjärta att galoppera av spänning.

För att vara en del av cirkusens magi tog Ziggy sig till gläntan där cirkusen höll på att ställa upp. Där mötte han cirkusdirektören, en lång giraff vid namn Geoffrey. "Ursäkta, min randiga vän," sa Geoffrey med ett mjukt leende, "vi har redan tillräckligt med artister."

Ziggys hjärta sjönk. Han ville bevisa att även en zebra kunde förtrolla publiken. När han vände sig bort märkte han en uppståndelse nära det stora tältet. Lejontämjaren hade blivit sjuk och lämnat den vilda lejonet, Leo, utan en partner. Utan att tveka sprang Ziggy in i manegen.

Med en blandning av mod och fånighet utförde Ziggy trick han aldrig trodde han kunde göra. Han balanserade på en rep gjord av rankor, jonglerade kokosnötter med sina hovar och tämjde till och med Leo med sin charm. Publiken jublade av förtjusning, och Ziggy kände sig som showens stjärna.

När solen sjönk under horisonten tog Ziggy farväl av sina nya cirkusvänner. Geoffrey närmande sig honom med en glimt i ögat. "Ziggy, vill du följa med oss på vår resa till nästa stad?" Ziggy nickade entusiastiskt. Och så blev Ziggy den modiga zebran en älskad medlem av cirkusen, spridande skratt och förundran vart de än gick.

The Friendly Giant and the Magical Meadow

In a quaint village nestled between rolling hills and lush greenery, there lived a gentle giant named Gus. Unlike the giants in fairy tales who were known for their grumpiness, Gus was a giant with a heart as big as his towering frame.

Gus spent his days wandering through the nearby meadow, where wildflowers swayed in the breeze and butterflies danced in the sunlight. He loved to sit by the babbling brook, listening to the soothing melody of the water as it flowed over smooth stones.

One day, as Gus was admiring a particularly colorful patch of daisies, he heard a tiny voice calling out to him. "Excuse me, Mr. Giant!" Gus looked down and saw a little girl with curly red hair and freckles sprinkled across her nose. Her name was Emily, and she had wandered into the meadow while picking flowers.

"Hello there, little one," Gus boomed in his deep, rumbling voice. "What brings you to my meadow?"

Emily smiled shyly. "I heard from the village children that there's a friendly giant who lives here. I wanted to see if it was true."

Gus chuckled warmly. "Well, they weren't telling tales. I'm Gus, the friendly giant. Would you like to explore the meadow with me?"

Over the days that followed, Gus and Emily became the best of friends. They played hide-and-seek among the towering oak trees, splashed in the crystal-clear pond, and even had picnics with sandwiches as big as Emily herself.

But one morning, as they were enjoying a game of hopscotch using boulders as their squares, they heard a loud commotion coming from the edge of the meadow. Gus and Emily rushed over and saw a group of villagers gathered around, looking worried.

"What's wrong?" Gus asked, kneeling down so his head was level with the villagers.

"It's our harvest," explained Farmer Brown, scratching his head in distress. "We've worked all season, but the crops are failing. There's not enough food for the winter."

Gus frowned, his brow furrowing with concern. "Is there anything I can do to help?"

The villagers looked at each other uncertainly. "We've heard tales of your kindness, Gus," said Mrs. Jenkins, the village baker. "Perhaps your magic touch could save our harvest."

Gus nodded thoughtfully. "I'll do my best."

That night, under the shimmering moonlight, Gus walked through the meadow with Emily by his side. He gently touched each wilting plant with his enormous fingers, whispering words of encouragement and hope. To Emily's amazement, the next morning, the meadow was bursting with the brightest and healthiest crops anyone had ever seen.

The villagers rejoiced, thanking Gus and Emily for their kindness. From that day on, Gus became not only the protector of the meadow but also the beloved guardian of the village. He would often visit the children, telling them stories about his adventures in faraway lands and teaching them the importance of kindness and friendship.

As for Emily, she treasured her days with Gus in the magical meadow. Whenever she returned to pick flowers, she would look up at her gentle giant friend and smile, knowing that their friendship had blossomed as beautifully as the meadow itself.

Den Vänliga Jätten och Den Magiska Ängen

I en pittoresk by som låg mellan rullande kullar och frodigt grönskande landskap levde en snäll jätte vid namn Gus. Till skillnad från jättarna i sagorna som var kända för sitt grymhet, var Gus en jätte med ett hjärta lika stort som hans väldiga gestalt.

Gus tillbringade sina dagar med att vandra genom den närliggande ängen, där vilda blommor vajade i brisen och fjärilar dansade i solskenet. Han älskade att sitta vid den porlande bäcken och lyssna till den lugnande melodin av vattnet som flöt över släta stenar.

En dag, medan Gus beundrade en särskilt färgstark klunga av prästkragar, hörde han en liten röst som ropade på honom. "Ursäkta, herr Jätte!" Gus tittade ner och såg en liten flicka med lockigt rött hår och fräknar spridda över näsan. Hennes namn var Emily, och hon hade vandrat in på ängen medan hon plockade blommor.

"Hej där, lilla vän," dundrade Gus med sin djupa, mullrande röst. "Vad för dig till min äng?"

Emily log blygt. "Jag hörde från byns barn att det finns en vänlig jätte som bor här. Jag ville se om det var sant."

Gus skrattade varmt. "Nå, de berättade inte historier. Jag är Gus, den vänliga jätten. Vill du utforska ängen med mig?"

Under de följande dagarna blev Gus och Emily de bästa av vänner. De lekte kurragömma bland de höga ekarna, plaskade i den kristallklara dammen och hade till och med picknick med smörgåsar så stora som Emily själv.

Men en morgon, medan de njöt av att spela hoppa hage med stenblock som deras rutor, hörde de en högljudd uppståndelse från ängens kant. Gus och Emily skyndade sig dit och såg en grupp bybor samlade, bekymrade.

"Vad är det?" frågade Gus och knäböjde så att hans huvud var i nivå med byborna.

"Det är vår skörd," förklarade bonde Brown och kliade sig förvirrat på huvudet. "Vi har arbetat hela säsongen, men grödorna misslyckas. Det finns inte tillräckligt med mat för vintern."

Gus rynkade pannan, hans panna rynkades av oro. "Kan jag göra något för att hjälpa till?"

Byborna tittade osäkert på varandra. "Vi har hört sagor om din godhet, Gus," sa fru Jenkins, byns bagare. "Kanske kan din magiska beröring rädda vår skörd."

Gus nickade eftertänksamt. "Jag ska göra mitt bästa."

Den natten, under skimrande månsken, gick Gus genom ängen med Emily vid sin sida. Han rörde försiktigt vid varje vissnande växt med sina enorma fingrar, viskade ord av uppmuntran och hopp. Till Emilys förvåning var ängen nästa morgon full av de ljusaste och friskaste grödor som någon någonsin hade sett.

Byborna jublade och tackade Gus och Emily för deras vänlighet. Från den dagen blev Gus inte bara beskyddare av ängen utan också den älskade väktaren av byn. Han besökte ofta barnen, berättade historier om sina äventyr i avlägsna länder och lärde dem vikten av godhet och vänskap.

Vad gäller Emily, hon värderade sina dagar med Gus i den magiska ängen. När hon återvände för att plocka blommor, tittade hon upp på sin vänliga jätte och log, medveten om att deras vänskap hade blomstrat så vackert som ängen själv.

Captain Barnacle and the Treasure of Skull Island

On the stormy seas of the Caribbean, where waves crashed against rocky shores and seagulls circled overhead, sailed Captain Barnacle and his merry crew aboard the ship "Sea Serpent." Captain Barnacle was not your typical pirate; he had a heart of gold hidden beneath his rugged exterior, and a fondness for singing sea shanties that could be heard for miles around.

One blustery morning, as the "Sea Serpent" sailed through dense fog, young Tommy, the cabin boy, spotted something glimmering atop a distant island. "Captain! Look there!" Tommy cried, pointing excitedly.

Captain Barnacle squinted through his spyglass and grinned. "Arrr, that be Skull Island, me hearties! Legends say it holds the greatest treasure known to pirates!"

The crew cheered with enthusiasm. They had heard tales of Skull Island's riches, but none had dared to seek it. With Captain Barnacle at the helm, they set course for the mysterious island.

As they approached Skull Island's jagged cliffs, a sense of eerie quiet settled over the crew. The air was thick with mystery and anticipation. Captain Barnacle led the way, his wooden leg thumping on the weathered planks of the gangplank.

They ventured deep into the island's jungle, where ancient trees tangled their branches overhead and exotic birds watched from their perches. The path grew narrower, and soon they stumbled upon a crumbling stone temple adorned with intricate carvings.

"Keep your eyes peeled, mates," Captain Barnacle whispered. "The treasure could be anywhere."

They cautiously entered the temple, their torches casting flickering shadows on the walls. Cobwebs clung to the corners, and the air was heavy with the scent of ancient secrets. Deep within the temple, they found a chamber filled with glittering jewels, gold coins, and chests overflowing with riches.

Captain Barnacle's eyes widened with amazement. "We've found it, me hearties! The treasure of Skull Island!"

But just as they were about to celebrate, a low rumble echoed through the chamber. The ground trembled beneath their feet, and the walls began to shake. Suddenly, the entrance to the temple collapsed, blocking their only way out.

"We're trapped!" cried one of the crew members, panic rising in his voice.

Captain Barnacle remained calm. "Fear not, me hearties. There must be another way out." He surveyed the chamber and noticed a faint glow emanating from behind a large stone statue.

With the crew's help, Captain Barnacle pushed the statue aside and revealed a hidden passage leading deeper into the temple. They hurried through narrow corridors and winding staircases until they emerged into daylight once more.

Back on the beach, the crew celebrated their escape with hearty laughter and a feast of tropical fruits. Captain Barnacle raised a toast to their bravery and camaraderie.

"Ye see, me hearties," Captain Barnacle said with a twinkle in his eye, "true treasure lies not in gold or jewels, but in the bonds we share and the adventures we conquer together."

From that day on, Captain Barnacle and his crew continued their journeys across the seas, seeking new adventures and spreading tales of their daring escapades. And whenever they sailed past Skull Island, they would tip their hats to the hidden treasure and the unforgettable day they braved its mysteries.

Kapten Barnakel och Skattjakten på Skalleön

På de stormiga haven i Karibien, där vågorna kraschade mot klippiga stränder och måsarna cirklade ovanför, seglade Kapten Barnakel och hans glada besättning ombord på skeppet "Havsserpen". Kapten Barnakel var inte din vanliga pirat; han hade ett hjärta av guld gömt under sitt sträva yttre och en förkärlek för att sjunga sjömansvisor som kunde höras milsvidd omkring.

En blåsig morgon, när "Havsserpen" seglade genom tät dimma, upptäckte den unge Tommy, skeppsgossen, något som glittrade på en avlägsen ö. "Kapten! Se där!" ropade Tommy upphetsat och pekade.

Kapten Barnakel kisade genom sin kikare och log. "Arrr, det är Skalleön, mina hjärtan! Legender säger att den håller den största skatten som någonsin varit känd för pirater!"

Besättningen jublade av entusiasm. De hade hört sagor om Skalleöns rikedomar, men ingen hade vågat söka dem. Med Kapten Barnakel vid rodret styrde de mot den mystiska ön.

När de närmade sig Skalleöns branta klippor sänkte sig en känsla av skrämmande tystnad över besättningen. Luften var tjock av mystik och förväntan. Kapten Barnakel ledde vägen, hans träben dunkade mot de väderbitna plankorna på landstegen.

De vågade sig djupt in i öns djungel, där uråldriga träd flettade sina grenar ovanför och exotiska fåglar spanade från sina utkiksplatser. Stigen blev smalare och snart snubblade de över ett förfallet stentempel smyckat med intrikata sniderier.

"Håll ögonen öppna, kamrater," viskade Kapten Barnakel. "Skatten kan vara var som helst."

Försiktigt gick de in i templet, deras facklor kastade fladdrande skuggor på väggarna. Spindelnät klängde i hörnen, och luften var tung av doften från urgamla hemligheter. Djupt inne i templet fann de en kammare fylld med glittrande juveler, guldmynt och kistor som flödade över av rikedomar.

Kapten Barnakels ögon vidgades av förvåning. "Vi har hittat den, mina hjärtan! Skattjakten på Skalleön!"

Men precis när de skulle börja fira hördes ett lågt mullrande genom kammaren. Marken skakade under deras fötter, och väggarna började skaka. Plötsligt kollapsade ingången till templet, och blockerade deras enda utväg.

"Vi är fast!" ropade en av besättningsmedlemmarna, paniken steg i hans röst.

Kapten Barnakel förblev lugn. "Frukta inte, mina hjärtan. Det måste finnas ett annat sätt ut." Han granskade kammaren och märkte en svag glöd som kom från bakom en stor stenstaty.

Med besättningens hjälp sköt Kapten Barnakel undan statyn och avslöjade en gömd passage som ledde djupare in i templet. De skyndade genom smala korridorer och vindlande trappor tills de återigen kom ut i dagsljuset.

Tillbaka på stranden firade besättningen sin flykt med hjärtligt skratt och en fest av tropiska frukter. Kapten Barnakel höjde ett glas till deras mod och kamratskap.

"Ni ser, mina hjärtan," sa Kapten Barnakel med en glimt i ögat, "sann skatt ligger inte i guld eller juveler, utan i de band vi delar och äventyren vi erövrar tillsammans."

Från den dagen fortsatte Kapten Barnakel och hans besättning sina resor över haven, sökande nya äventyr och spridande berättelser om deras djärva eskapader. Och varje gång de seglade förbi Skalleön, skulle de lyfta sina hattar till den dolda skatten och den oförglömliga dagen då de vågade sig på dess mysterier.

The Curious Unicorn and the Enchanted Forest

In a land where rainbows painted the sky and butterflies danced among the flowers, there lived a curious unicorn named Sparkle. Unlike other unicorns who spent their days prancing gracefully through meadows, Sparkle had a knack for adventure that often led her to unexpected places.

One bright morning, as Sparkle galloped through the Enchanted Forest with her mane shimmering in the sunlight, she stumbled upon a peculiar sight. It was a tiny cottage nestled between towering oak trees, its chimney puffing gentle curls of smoke.

Intrigued, Sparkle approached the cottage and peeked through a window adorned with ivy. Inside, she saw an elderly wizard named Merlin hunched over a bubbling cauldron, muttering incantations under his breath.

"Excuse me, Mr. Wizard," Sparkle called out in her melodious voice, "what are you brewing in there?"

Merlin jumped with surprise and turned to see the unicorn peering through his window. "Oh my stars and moons! A talking unicorn!" he exclaimed, adjusting his spectacles. "I'm brewing a potion to help the forest animals communicate with each other. But I seem to be missing a crucial ingredient—a silver feather from a mythical bird."

Sparkle's eyes widened with excitement. "I can help you find it, Mr. Wizard! Where can we find this mythical bird?"

Merlin stroked his long, white beard thoughtfully. "Legend has it that the bird lives atop the Crystal Mountain, beyond the Whispering Woods."

Without hesitation, Sparkle agreed to embark on the quest. She bid farewell to Merlin and set off through the Enchanted Forest, her hooves lightly touching the mossy ground. The forest whispered secrets in her ear as she trotted past ancient trees and sparkling streams.

As she entered the Whispering Woods, the trees leaned in closer, their leaves rustling in anticipation. "Beware, brave unicorn," whispered the oldest oak tree. "The path to Crystal Mountain is treacherous, guarded by mythical creatures."

Undeterred, Sparkle continued her journey, her heart filled with determination. She navigated through thickets of thorns and crossed a shimmering river on a bridge made of moonbeams. Finally, she emerged at the foot of Crystal Mountain, its peaks glistening in the sunlight.

Climbing the mountain was no easy feat for a unicorn, but Sparkle's spirit soared higher with every step. At the summit, she found herself face to face with the mythical bird—a majestic phoenix with feathers that shimmered like silver in the sunlight.

"Greetings, noble phoenix," Sparkle said, bowing respectfully. "I seek a silver feather to help the forest animals communicate."

The phoenix regarded Sparkle with wise eyes. "You have shown courage and kindness, young unicorn. You may pluck a feather from my wing."

Sparkle carefully took a silver feather from the phoenix's outstretched wing and thanked the bird graciously. With the feather safely tucked in her mane, she began her journey back to Merlin's cottage, her heart light with success.

When Sparkle returned to the Enchanted Forest, she found Merlin eagerly awaiting her arrival. "I have brought the silver feather, Mr. Wizard!" Sparkle exclaimed, presenting it to him with pride.

Merlin's eyes twinkled with delight as he added the feather to his potion. He stirred the cauldron one last time and poured a few drops of the potion onto the forest floor. Instantly, the animals of the Enchanted Forest gathered around, their eyes wide with wonder.

"Now you can understand each other," Merlin announced with a smile.

The animals chattered excitedly, sharing tales of their adventures and forming new friendships. Sparkle watched with joy as the once-silent forest came alive with laughter and harmony.

From that day on, Sparkle became known as the hero of the Enchanted Forest. She continued to explore its magical realms, making new friends and spreading happiness wherever she went. And whenever she looked up at the rainbow-painted sky, she knew that her greatest adventures were yet to come.

Den Nyfikna Enhörningen och Den Förtrollade Skogen

I ett land där regnbågar målade himlen och fjärilar dansade bland blommorna, bodde en nyfiken enhörning vid namn Glittra. Till skillnad från andra enhörningar som tillbringade sina dagar med att dansa graciöst genom ängarna, hade Glittra en talang för äventyr som ofta ledde henne till oväntade platser.

En ljus morgon när Glittra galopperade genom Den Förtrollade Skogen med sin man i solens skimmer, snubblade hon över en märklig syn. Det var en liten stuga gömd mellan höga ekar, dess skorsten puffade försiktiga rökvirvlar.

Nyfiket närmade sig Glittra stugan och tittade genom ett fönster som var prytt med murgröna. Inuti såg hon en äldre trollkarl vid namn Merlin böjd över en bubblande kittel, muttrande besvärjelser för sig själv.

"Ursäkta mig, Mr Trollkarl," ropade Glittra med sin melodiska röst, "vad brygger du därinne?"

Merlin hoppade till av överraskning och vände sig om för att se enhörningen som tittade in genom hans fönster. "Oh mina stjärnor och månar! En talande enhörning!" utropade han och justerade sina glasögon. "Jag brygger en dryck för att hjälpa skogens djur att kommunicera med varandra. Men jag verkar sakna en avgörande ingrediens – en silverfjäder från en mytisk fågel."

Glittras ögon vidgades av upphetsning. "Jag kan hjälpa dig att hitta den, Mr Trollkarl! Var kan vi hitta den här mytiska fågeln?"

Merlin smekte sitt långa, vita skägg eftertänksamt. "Legend säger att fågeln bor högst upp på Kristallberget, bortom Viskande Skogen."

Utan att tveka gick Glittra med på uppdraget. Hon sa farväl till Merlin och begav sig genom Den Förtrollade Skogen, hennes hovar lätt vidrörde mossa marken. Skogen viskade hemligheter i hennes öra när hon travade förbi uråldriga träd och glittrande strömmar.

När hon gick in i Viskande Skogen lutade sig träden närmare, deras löv viskade i förväntan. "Var försiktig, modiga enhörning," viskade den äldsta ekträdet. "Vägen till Kristallberget är farlig, bevakad av mytiska varelser."

Oavsett hinder fortsatte Glittra sin resa, hennes hjärta fyllt av beslutsamhet. Hon navigerade genom snår av törnen och korsade en skimrande flod på en bro av månstrålar. Till sist kom hon fram till foten av Kristallberget, dess toppar glittrade i solljuset.

Att klättra uppför berget var ingen lätt uppgift för en enhörning, men Glittras själ steg högre med varje steg. På toppen fann hon sig ansikte mot ansikte med den mytiska fågeln – en majestätisk fenix med fjädrar som glittrade som silver i solskenet.

"Hälsningar, ädla fenix," sa Glittra och böjde respektfullt. "Jag söker en silverfjäder för att hjälpa skogens djur att kommunicera."

Fenixen betraktade Glittra med visa ögon. "Du har visat mod och vänlighet, unga enhörning. Du får plocka en fjäder från min vinge."

Glittra tog försiktigt en silverfjäder från fenixens utsträckta vinge och tackade fågeln ödmjukt. Med fjädern säkert gömd i sin man började hon sin resa tillbaka till Merlins stuga, hennes hjärta lätt av framgång.

När Glittra återvände till Den Förtrollade Skogen fann hon Merlin ivrigt väntande på henne. "Jag har tagit med silverfjädern, Mr Trollkarl!" utropade Glittra och presenterade den stolt för honom.

Merlins ögon glittrade av glädje när han lade till fjädern i sin dryck. Han rörde i kitteln en sista gång och hällde några droppar av drycken på skogsgolvet. Omedelbart samlades skogens djur runt, deras ögon vidöppna av förundran.

"Nu kan ni förstå varandra," meddelade Merlin med ett leende.

Djuren pratade ivrigt, delade historier om sina äventyr och bildade nya vänskapsband. Glittra såg med glädje på när den en gång tysta skogen fylldes av skratt och harmoni.

Från den dagen blev Glittra känd som hjälten av Den Förtrollade Skogen. Hon fortsatte att utforska dess magiska riken, skapa nya vänner och sprida lycka vart hon än gick. Och varje gång hon tittade upp på den regnbågsmålade himlen visste hon att hennes största äventyr ännu inte hade kommit.

The Adventures of Whiskers the Brave Mouse

In the cozy corner of a bustling city bakery, nestled among sacks of flour and shelves of sugary delights, lived a courageous little mouse named Whiskers. While other mice scurried away at the slightest hint of danger, Whiskers had a bold streak that often led her into daring escapades.

One chilly autumn morning, as the aroma of freshly baked bread filled the air, Whiskers was awakened by a commotion outside the bakery. Curious, she peeked through a knothole in the wall and saw a group of children gathered around a poster.

"Look! It's the Great Cheese Festival!" exclaimed a girl with pigtails, pointing to the colorful announcement plastered on the lamppost. "Everyone's invited to bring their best cheese dishes!"

Whiskers's eyes gleamed with excitement. She had heard tales of the Great Cheese Festival—a grand celebration where mice from all over the city showcased their finest cheese creations. Determined to prove her skills, Whiskers set off on a quest to find the rarest cheese in the city.

Her first stop was at Mr. McCreedy's Cheese Emporium, a quaint shop with wheels of cheese stacked to the ceiling. "Good day, Mr. McCreedy," Whiskers chirped, peeking out from behind a wedge of cheddar. "Do you have any special cheeses for the festival?"

Mr. McCreedy, an elderly gentleman with spectacles perched on his nose, chuckled at the sight of Whiskers. "Why, of course, my dear mouse! Let me show you something truly exquisite." He led Whiskers to a corner of the shop where a golden cheese glowed under a glass dome. "This is the

Moonbeam Cheese," Mr. McCreedy explained. "It's said to be made from milk harvested under the light of a full moon."

Whiskers marveled at the shimmering cheese. "It's perfect! I'll take it," she declared, her heart swelling with pride.

Next, Whiskers visited Madame Gouda's Fromagerie, a posh establishment known for its luxurious cheeses. "Bonjour, Madame Gouda," Whiskers greeted the elegant mouse behind the counter. "Do you have something extraordinary for the Great Cheese Festival?"

Madame Gouda smiled warmly at Whiskers. "Ah, ma chère, you have impeccable taste." She presented Whiskers with a wheel of truffle-infused Brie. "This Truffle Treasure Cheese is infused with the finest black truffles from the forests of France."

Whiskers sniffed the rich aroma and nodded in approval. "Magnifique! This will surely impress the judges," she exclaimed, thanking Madame Gouda graciously.

With her cheeses in tow, Whiskers hurried back to the bakery to begin preparations for the festival. She spent days crafting miniature cheese sculptures and perfecting her recipes. The aroma of cheese soufflés and cheese tarts wafted through the air, drawing curious glances from the other bakery occupants.

On the day of the festival, Whiskers proudly carried her Moonbeam Cheese and Truffle Treasure Cheese to the town square, where a colorful array of stalls had been set up. Mice from far and wide displayed their cheese creations—from aged gouda to blue cheese infused with honey.

The judges, a panel of distinguished mice with discerning palates, tasted each entry with solemn concentration. When it was Whiskers's turn, she presented her cheeses with a bow.

"The Moonbeam Cheese, made from milk under the full moon's glow," Whiskers announced proudly. "And the Truffle Treasure Cheese, infused with the finest black truffles."

The judges sampled the cheeses, their whiskers twitching in delight. After much deliberation, they announced the winner of the Great Cheese Festival.

"And the winner is... Whiskers the Brave Mouse, for her exquisite Moonbeam Cheese and Truffle Treasure Cheese!"

The crowd erupted into cheers and applause as Whiskers blushed with joy. She was awarded a shiny golden medal and a basket filled with cheese of every variety.

As Whiskers celebrated her victory with her friends from the bakery, she realized that the true prize was not the medal or the cheese, but the thrill of pursuing her dreams and sharing her passion with others.

From that day on, Whiskers became known as the Cheese Champion of the city. She continued to explore new flavors and create cheese masterpieces that delighted mice and humans alike. And every autumn, when the scent of freshly baked bread mingled with the aroma of cheese, Whiskers would smile and remember the day she became a legend at the Great Cheese Festival.

Äventyren med Modiga Musse Whiskers

I ett mysigt hörn av en livlig stadens bageri, gömt bland säckar med mjöl och hyllor med sockerfyllda godsaker, bodde en modig liten mus vid namn Whiskers. Medan andra möss sprang iväg vid minsta tecken på fara hade Whiskers en djärv sida som ofta ledde henne till djärva eskapader.

En kylig höstmorgon, när doften av nybakat bröd fyllde luften, väcktes Whiskers av ett livligt sorl utanför bageriet. Nyfiken tittade hon genom ett knutshål i väggen och såg en grupp barn samlade runt en affisch.

"Titta! Det är det Stora Ostfestivalen!" utropade en flicka med flätor och pekade på den färgglada annonsen som var uppklistrad på lyktstolpen. "Alla är välkomna att ta med sina bästa ost rätter!"

Whiskers ögon glittrade av spänning. Hon hade hört talas om det Stora Ostfestivalen – en stor fest där möss från hela staden visade upp sina finaste ostskapelser. Fast besluten att bevisa sina färdigheter gav sig Whiskers ut på en resa för att hitta den mest sällsynta osten i staden.

Hennes första stopp var hos Mr. McCreedy's Cheese Emporium, en pittoresk butik med hjul av ost staplade till taket. "God dag, Mr. McCreedy," kvittrade Whiskers och tittade fram bakom en kil av cheddar. "Har du några speciella ostar för festivalen?"

Mr. McCreedy, en äldre gentleman med glasögon på näsan, skrattade vid synen av Whiskers. "Javisst, min kära mus! Låt mig visa dig något verkligt utsökt." Han ledde Whiskers till en hörna av butiken där en gyllene ost glödde under en glasskupa. "Det här är Månstråleosten," förklarade Mr. McCreedy. "Det sägs vara gjort av mjölk som skördats under fullmånens ljus."

Whiskers häpnade över den glittrande osten. "Den är perfekt! Jag tar den," förklarade hon, hennes hjärta svällde av stolthet.

Nästa stopp besökte Whiskers Madame Gouda's Fromagerie, en elegant etablering känd för sina lyxiga ostar. "Bonjour, Madame Gouda," hälsade Whiskers den eleganta musen bakom disken. "Har du något extraordinärt för det Stora Ostfestivalen?"

Madame Gouda log varmt mot Whiskers. "Åh, ma chère, du har enastående smak." Hon presenterade Whiskers med ett hjul av Brie infuserat med tryffel. "Denna Tryffelskattost är infuserad med de finaste svarta tryfflarna från skogarna i Frankrike."

Whiskers luktade på den rika doften och nickade i godkännande. "Magnifique! Detta kommer säkert att imponera på domarna," utropade hon och tackade Madame Gouda ödmjukt.

Med sina ostar i bagaget skyndade sig Whiskers tillbaka till bageriet för att börja förberedelserna inför festivalen. Hon tillbringade dagar med att skapa miniatyr ostskulpturer och förbättra sina recept. Doften av ost soufflés och ost pajer flög genom luften och drog nyfikna blickar från de andra bageriets invånare.

På festivalens dag bar Whiskers stolt sin Månstråleost och Tryffelskattost till stadens torg, där ett färgglatt utbud av stånd hade ställts upp. Möss från när och fjärran visade upp sina ostskapelser – från åldrad gouda till blå ost infuserad med honung.

Domarna, en panel med ansedda möss med en fin smak, smakade på varje bidrag med allvarlig koncentration. När det blev Whiskers tur presenterade hon sina ostar med en bugning.

"Månstråleosten, gjord av mjölk under fullmånens glöd," förklarade Whiskers stolt. "Och Tryffelskattosten, infuserad med de finaste svarta tryfflarna."

Domarna smakade på ostarna, deras morrhår vibrerade av förtjusning. Efter noggrann övervägande meddelade de vinnaren av det Stora Ostfestivalen.

"Och vinnaren är... Musse Whiskers, för hennes utsökta Månstråleost och Tryffelskattost!"

Mängden bröt ut i jubel och applåder när Whiskers rodnade av glädje. Hon tilldelades en glänsande gyllene medalj och en korg fylld med ost av varje sort.

När Whiskers firade sin seger med sina vänner från bageriet insåg hon att det sanna priset inte var medaljen eller osten, utan spänningen att följa sina drömmar och dela sin passion med andra.

Från den dagen blev Whiskers känd som Ostens Mästare i staden. Hon fortsatte att utforska nya smaker och skapa ost mästerverk som glädde möss och människor lika. Och varje höst, när doften av nybakat bröd blandades med doften av ost, skulle Whiskers le och minnas dagen hon blev en legend på det Stora Ostfestivalen.

Percy the Penguin's Polar Adventure

In the icy expanse of Antarctica, where glaciers gleamed like crystal and the aurora danced across the night sky, lived a plucky little penguin named Percy. While his fellow penguins were content with sliding on icebergs and fishing in the frigid waters, Percy yearned for excitement and adventure.

One frosty morning, as Percy waddled along the frosty shoreline with his sleek feathers glistening in the sun, he heard a peculiar noise coming from a nearby iceberg. Curious, he approached cautiously and discovered a distressed seal pup stranded on the ice.

"Oh my flippers! Are you alright?" Percy asked with concern, noticing the seal pup's big, watery eyes filled with tears.

The seal pup sniffled and nodded. "I-I'm stuck here. My mama went to find food, and now I'm all alone."

Percy's heart went out to the little seal. "Don't worry, I'll help you!" he declared bravely. With his strong flippers, Percy pushed and nudged until the seal pup slid safely back into the icy waters.

"Thank you, thank you!" exclaimed the seal pup, splashing happily. "You're a hero!"

Percy blushed beneath his feathers, feeling a warm glow inside. He waved goodbye to the grateful seal pup and continued his stroll along the shoreline, his mind buzzing with the thrill of his heroic deed.

As Percy rounded a towering iceberg, he stumbled upon a group of chinstrap penguins huddled together with worried expressions. "What's the matter, friends?" Percy asked, joining them.

One of the penguins, named Charlie, shuffled nervously. "Our colony's fish supply is dwindling. We don't know where to find more fish, and our babies are hungry."

Percy frowned, his brow furrowing in determination. "I'll find more fish for everyone!" he declared, his flippers twitching with resolve.

With a resolute flap of his wings, Percy plunged into the icy waters, diving deep beneath the surface in search of fish. He swam gracefully through the freezing currents, dodging playful seals and graceful whales until he found a shimmering school of silver fish.

Using his keen eyes and agile flippers, Percy caught enough fish to feed the entire penguin colony. With his belly full of pride and fish, he returned to the shore where the chinstrap penguins greeted him with cheers and flapping wings.

"You did it, Percy!" Charlie exclaimed, clapping his flippers together. "You saved the day!"

Percy blushed again, his heart swelling with happiness. He shared the fish with the colony, ensuring that every penguin, young and old, had a hearty meal. That night, under the starry Antarctic sky, the penguins gathered around Percy, listening to his tales of adventure with awe and admiration.

But Percy's greatest adventure was yet to come. One chilly afternoon, as he rested on an iceberg and gazed out at the vast, glittering sea, a magnificent sight caught his eye—a gleaming ship with billowing sails, slicing through the icy waters.

Intrigued, Percy waddled closer to investigate. On the deck of the ship stood a crew of humans, their faces etched with wonder as they marveled at the beauty of Antarctica. One of them, a kind-hearted explorer named Captain Amelia, noticed Percy and beckoned him closer.

"Well, hello there, little penguin," Captain Amelia greeted with a warm smile. "What brings you to our ship?"

Percy shuffled his feet nervously, but his curiosity got the better of him. "I've never seen humans up close before. Who are you, and why are you here?"

Captain Amelia knelt down to Percy's eye level. "We're explorers," she explained gently. "We've traveled all the way from distant lands to study the wildlife and beauty of Antarctica."

Percy's eyes widened with fascination. "Wow, that sounds amazing! What have you discovered?"

Captain Amelia chuckled softly. "We've seen whales breaching, seals sunbathing, and now we've met a brave little penguin named Percy."

Percy puffed out his chest proudly. "I've had my share of adventures," he admitted modestly. "But meeting humans is the most exciting thing that's ever happened to me!"

Captain Amelia smiled warmly. "Would you like to join us on our expedition, Percy? You could show us around and teach us about life in Antarctica."

Percy hesitated for a moment, torn between his love for his home and the allure of adventure. Finally, he nodded eagerly. "Yes, I'd love to show you around!"

And so, Percy became an honorary member of Captain Amelia's expedition team. He guided the humans through ice caves and past towering glaciers, introducing them to his penguin friends and teaching them about the wonders of Antarctica.

As the expedition sailed away from Antarctica, Percy stood proudly on the deck of the ship, waving goodbye to his friends. He knew that his heart belonged to the icy expanse of his homeland, but he also cherished the memories of his extraordinary adventures.

Back in the penguin colony, Percy regaled his friends with tales of his time with the humans. He showed them seashells and artifacts he had collected as souvenirs, sparking their imaginations and filling their hearts with dreams of distant lands.

And whenever the aurora danced across the Antarctic sky, Percy would gaze up with a twinkle in his eye, knowing that he had discovered the greatest adventure of all—friendship, courage, and the boundless wonders of the world.

Percy Pingvins Äventyr i Polartrakterna

I den isiga expansen av Antarktis, där glaciärer glänste som kristall och norrsken dansade över nattens himmel, bodde en tappert liten pingvin vid namn Percy. Medan hans medpingviner var nöjda med att glida på isberg och fiska i de iskalla vattnen längtade Percy efter spänning och äventyr.

En frostig morgon, när Percy vandrade längs den frostiga strandlinjen med sina glänsande fjädrar i solen, hörde han ett märkligt ljud från ett närliggande isberg. Nyfiket närmade han sig försiktigt och upptäckte en orolig sälunge fast på isen.

"Åh mina fenor! Är du alldeles själv?" frågade Percy med oro och märkte sälungens stora, vattenskimrande ögon fyllda med tårar.

Sälungen snörvlade och nickade. "J-Jag är fast här. Min mamma gick för att leta efter mat, och nu är jag helt ensam."

Percys hjärta gick ut till den lilla sälen. "Oroa dig inte, jag ska hjälpa dig!" deklarerade han modigt. Med sina starka fenor sköt Percy och skuffade tills sälungen säkert glidde tillbaka i de iskalla vattnen.

"Tack, tack!" utropade sälungen glatt och plaskade lyckligt. "Du är en hjälte!"

Percy rodnade under sina fjädrar och kände en varm glöd inuti. Han vinkade adjö till den tacksamma sälungen och fortsatte sin promenad längs strandlinjen, hans sinne surrande av spänningen över sin hjältemodiga handling.

När Percy rundade ett högt isberg stötte han på en grupp med hakstrapingviner som samlats med bekymrade uttryck. "Vad är det, vänner?" frågade Percy och gick med i dem.

En av pingvinerna, vid namn Charlie, skuffade nervöst. "Vår kolonis fiskförråd minskar. Vi vet inte var vi ska hitta mer fisk, och våra ungar är hungriga."

Percy rynkade pannan, hans bestämda ögonbryn rynkade. "Jag ska hitta mer fisk åt alla!" förklarade han, hans fenor ryckande med beslutsamhet.

Med ett resolut klapp av sina vingar dök Percy ner i de iskalla vattnen, dök djupt under ytan i sökandet efter fisk. Han simmade graciöst genom de frusna strömmarna, undviker lekfulla sälar och graciösa valar tills han hittade en skimrande skola av silverfisk.

Med sina skarpa ögon och smidiga fenor fångade Percy tillräckligt med fisk för att föda hela pingvinkolonin. Med sin mage full av stolthet och fisk återvände han till stranden där hakstrapingvinerna välkomnade honom med jubel och vingklappningar.

"Du gjorde det, Percy!" utropade Charlie, klappade sina fenor tillsammans. "Du räddade dagen!"

Percy rodnade igen, hans hjärta svällde av lycka. Han delade fisken med kolonin, säkerställde att varje pingvin, ung och gammal, hade en hjärtlig måltid. Den kvällen, under den stjärnklara Antarktis himlen, samlades pingvinerna runt Percy, lyssnade på hans berättelser om äventyr med beundran och beundran.

Men Percys största äventyr var ännu att komma. En kylig eftermiddag när han vilade på ett isberg och stirrade ut över det vidsträckta, glittrande havet, fångade en magnifik syn hans öga – ett glänsande skepp med fladdrande segel, skär genom de iskalla vattnen.

Intrigued, Percy vaggade närmare för att undersöka. På skeppets däck stod en besättning av människor, deras ansikten etsade med förundran när de beundrade Antarktis skönhet. En av dem, en vänlighjärtad utforskare vid namn Kapten Amelia, märkte Percy och vinkade honom närmare.

"Nå, hej där, lilla pingvin," hälsade Kapten Amelia med ett varmt leende. "Vad för dig till vårt skepp?"

Percy skuffade fötterna nervöst, men hans nyfikenhet tog över honom. "Jag har aldrig sett människor på nära håll förut. Vem är ni, och varför är ni här?"

Kapten Amelia knäböjde för att möta Percys ögonnivå. "Vi är utforskare," förklarade hon mjukt. "Vi har rest hela vägen från avlägsna länder för att studera djurlivet och skönheten i Antarktis."

Percys ögon vidgades av fascination. "Wow, det låter fantastiskt! Vad har ni upptäckt?"

Kapten Amelia skrattade mjukt. "Vi har sett valar som bryter, sälar som solar sig, och nu har vi träffat en modig liten pingvin vid namn Percy."

Percy blåste ut sitt bröst stolt. "Jag har haft min andel av äventyr," medgav han modest. "Men att träffa människor är det mest spännande som någonsin hänt mig!"

Kapten Amelia log varmt. "Vill du följa med oss på vår expedition, Percy? Du kan visa oss runt och lära oss om livet i Antarktis."

Percy tvekade för ett ögonblick, söndrad mellan sin kärlek till sitt hem och dragningskraften av äventyret. Slutligen nickade han ivrigt. "Ja, jag skulle älska att visa er runt!"

Och så blev Percy en hedersmedlem i Kapten Amelias expeditionsteam. Han guidade människorna genom isgrottor och förbi höga glaciärer, presenterade dem för sina pingvinkompisar och lärde dem om Antarktis underverk.

När expeditionen seglade iväg från Antarktis stod Percy stolt på skeppets däck, vinkade adjö till sina vänner. Han visste att hans hjärta tillhörde den isiga utsträckningen av hans hemland, men han värderade också minnena av sina extraordinära äventyr.

Tillbaka i pingvinkolonin berättade Percy sina vänner om sina äventyr med människorna. Han visade dem snäckor och artefakter han hade samlat som souvenirer, väckte deras fantasi och fyllde deras hjärtan med drömmar om avlägsna länder.

Och varje gång norrskenet dansade över den antarktiska himlen skulle Percy titta upp med en glimt i ögat, veta att han hade upptäckt det största äventyret av alla – vänskap, mod och världens gränslösa underverk.

Buzzbee's Bumbling Adventure

In a sunlit meadow buzzing with the melody of flowers and the gentle hum of bees, there lived a little bee named Buzzbee. Unlike the other bees in the hive who diligently collected nectar and pollen, Buzzbee had a penchant for daydreaming and exploring.

One bright morning, as the sun painted the sky in hues of gold and amber, Buzzbee found himself drifting away from the hive. His wings fluttered with excitement as he soared over fields of blooming daisies and fragrant lavender, his mind filled with curiosity about the world beyond.

As he ventured deeper into the meadow, Buzzbee stumbled upon a grand garden tended by a kind-hearted gardener named Mr. Bloom. The garden was a riot of colors—roses in shades of crimson, sunflowers towering towards the sky, and delicate pansies nodding in the breeze.

"Hello there, little bee," greeted Mr. Bloom with a warm smile, noticing Buzzbee's inquisitive buzz. "What brings you to my garden today?"

Buzzbee hovered in mid-air, mesmerized by the beauty surrounding him. "I-I was just exploring," he stammered, his tiny antennae twitching with excitement. "Your garden is magnificent!"

Mr. Bloom chuckled softly. "Why, thank you, Buzzbee. Feel free to explore as much as you like. Just mind the flowers, won't you?"

With a grateful buzz, Buzzbee dipped his head in agreement and continued his exploration of the garden. He flitted from blossom to blossom, sampling the sweet nectar and pollen. Each flower told him a story—the daisies whispered tales of sunny days, while the roses shared secrets of love.

Lost in the splendor of the garden, Buzzbee didn't notice the mischievous gust of wind that swept him off course. He tumbled and twirled through the air until he crash-landed into a clump of thorny bushes.

"Ouch!" yelped Buzzbee, rubbing his sore wing. He glanced around and realized he was in unfamiliar territory—a dense forest buzzing with insects of all shapes and sizes.

Among the towering trees and tangled vines, Buzzbee encountered a group of butterflies fluttering gracefully. "Excuse me," Buzzbee called out, fluttering his wings to catch their attention. "Can you tell me how to get back to Mr. Bloom's garden?"

The butterflies, with their colorful wings shimmering in the sunlight, gathered around Buzzbee with curiosity. "Why, of course!" exclaimed a delicate monarch butterfly named Mariposa. "Follow the path of the golden sunbeams, and you'll find your way home."

Grateful for their guidance, Buzzbee thanked the butterflies and followed the gentle rays of sunlight filtering through the forest canopy. Along the way, he met a wise old caterpillar named Gus who shared stories of transformation and growth.

"You see, young Buzzbee," Gus said sagely, munching on a leaf. "Life is full of twists and turns. Embrace each adventure, for they shape who you are."

Buzzbee nodded thoughtfully, absorbing Gus's wisdom. He bid farewell to his new friends and continued his journey through the forest, his heart lighter and wings stronger with every step.

After what seemed like an eternity of buzzing through ferns and climbing over fallen logs, Buzzbee finally emerged from the forest and found himself back in Mr. Bloom's garden. He let out a joyous buzz of relief, feeling a surge of gratitude for the kindness of strangers and the beauty of the world around him.

Mr. Bloom spotted Buzzbee hovering near the roses and chuckled warmly. "Welcome back, Buzzbee! I see you've had quite the adventure."

Buzzbee nodded eagerly, his eyes sparkling with excitement. "Oh, Mr. Bloom, I met butterflies and a wise old caterpillar! They helped me find my way home."

Mr. Bloom patted Buzzbee gently on the head. "It sounds like you've had quite a day, my friend. Remember, there's a big world out there waiting to be explored, but there's no place like home."

Buzzbee nodded again, his heart brimming with newfound wisdom. He spent the rest of the day flitting from flower to flower in Mr. Bloom's garden, savoring the sweetness of life and cherishing the friendships he had made along the way.

From that day on, Buzzbee became known as the adventurous bee who dared to explore beyond the hive. He continued to visit Mr. Bloom's garden, sharing tales of his travels with the other bees and inspiring them to embrace curiosity and bravery.

And whenever a gentle breeze carried the scent of roses through the meadow, Buzzbee would smile and remember the day he embarked on his bumbling adventure—a journey of discovery, friendship, and the limitless wonders of nature.

Bumlingen Buzzbees Äventyr

I en solbelyst äng som surrade av blommornas melodi och de lugna hum av bin, bodde en liten bi vid namn Buzzbee. Till skillnad från de andra bina i kupan som flitigt samlade nektar och pollen, hade Buzzbee en förkärlek för dagdrömmar och utforskning.

En ljus morgon när solen målade himlen i nyanser av guld och bärnsten, fann sig Buzzbee svävande bort från kupan. Hans vingar fladdrade av spänning när han flög över fält av blommande prästkragar och doftande lavendel, hans sinne fyllt av nyfikenhet om världen utanför.

När han vågade djupare in i ängen snubblade Buzzbee över en stor trädgård som sköttes av en godhjärtad trädgårdsmästare vid namn Herr Bloom. Trädgården var en explosion av färger – rosor i nyanser av karmosin, solrosor som sköt mot himlen och delikata penséer som nickade i vinden.

"Hej där, lilla bi," hälsade Herr Bloom med ett varmt leende, och märkte Buzzbees nyfikna surr. "Vad för dig till min trädgård idag?"

Buzzbee hovrade i luften, hypnotiserad av skönheten som omgav honom. "J-Jag utforskade bara," stammade han, hans små antenner ryckte av spänning. "Din trädgård är magnifik!"

Herr Bloom skrattade mjukt. "Tack så mycket, Buzzbee. Känn dig fri att utforska så mycket du vill. Var bara försiktig med blommorna, inte sant?"

Med ett tacksamt surr, nickade Buzzbee sitt huvud i samförstånd och fortsatte att utforska trädgården. Han fladdrade från blomma till blomma, smakande den söta nektaren och pollenet. Varje blomma berättade för honom en historia – prästkragarna viskade historier om soliga dagar, medan rosorna delade hemligheter om kärlek.

Förlorad i trädgårdens prakt, märkte inte Buzzbee den busiga vindpusten som svepte honom ur kurs. Han snurrade och virvlade genom luften tills han kraschlandade i en tuva av taggiga buskar.

"Aj!" yelpade Buzzbee och gnuggade sitt ömma vinge. Han kollade runt och insåg att han var i okända territorier – en tät skog surrande med insekter i alla former och storlekar.

Bland de höga träden och slingrande vinarna stötte Buzzbee på en grupp fjärilar som fladdrade graciöst. "Ursäkta," ropade Buzzbee och fladdrade med sina vingar för att få deras uppmärksamhet. "Kan ni berätta för mig hur jag kommer tillbaka till Herr Blooms trädgård?"

Fjärilarna, med sina färgglada vingar skimrande i solskenet, samlades runt Buzzbee med nyfikenhet. "Men så klart!" utropade en delikat monarkfjäril vid namn Mariposa. "Följ stigen av de gyllene solstrålarna, så hittar du hem igen."

Tacksam för deras vägledning tackade Buzzbee fjärilarna och följde de mjuka strålarna av solljus som sipprade genom skogens tak. På vägen mötte han en vis gammal larv vid namn Gus som delade berättelser om förvandling och tillväxt.

"Ser du, unga Buzzbee," sa Gus klokt och tuggade på ett löv. "Livet är fullt av vändningar och svängar. Omfamna varje äventyr, för de formar vem du är."

Buzzbee nickade eftertänksamt och absorberade Gus's visdom. Han sa adjö till sina nya vänner och fortsatte sin resa genom skogen, hans hjärta lättare och vingar starkare med varje steg.

Efter vad som verkade som en evighet av surrande genom ormbunkar och klättring över nedfallna stockar, dök Buzzbee äntligen upp från skogen och fann sig tillbaka i Herr Blooms trädgård. Han lät ut en glädjande surr av lättnad, kände en våg av tacksamhet för främlingars vänlighet och världens skönhet runt honom.

Herr Bloom såg Buzzbee sväva nära rosorna och skrattade varmt. "Välkommen tillbaka, Buzzbee! Jag ser att du haft ett riktigt äventyr."

Buzzbee nickade ivrigt, hans ögon glittrade av spänning. "Åh, Herr Bloom, jag träffade fjärilar och en vis gammal larv! De hjälpte mig att hitta hem."

Herr Bloom klappade Buzzbee mjukt på huvudet. "Det låter som om du har haft en hel dag, min vän. Kom ihåg, det finns en stor värld där ute som väntar på att utforskas, men det finns inget som hemma."

Buzzbee nickade igen, hans hjärta svämmade över av nyfunnen visdom. Han tillbringade resten av dagen fladdrande från blomma till blomma i Herr Blooms trädgård, smakade på livets sötma och värderade de vänskaper han hade skapat längs vägen.

Från den dagen blev Buzzbee känd som det äventyrliga biet som vågade utforska bortom kupan. Han fortsatte att besöka Herr Blooms trädgård, dela berättelser om sina resor med de andra bina och inspirera dem att omfamna nyfikenhet och mod.

Och när en mild bris bar rosornas doft genom ängen, skulle Buzzbee le och minnas dagen han begav sig ut på sitt bumblande äventyr – en resa av upptäckt, vänskap och naturens gränslösa underverk.

The Whimsical Adventures of Wilbur the Wondrous Baker

In the bustling town of Cherryville, nestled between rolling hills and babbling brooks, there stood a quaint little bakery known as "Wilbur's Whimsical Bakery." It was owned by none other than Wilbur himself—a baker with a heart as warm as his freshly baked cinnamon rolls and a mind as creative as his colorful cupcakes.

Every morning, before the sun kissed the rooftops with its golden light, Wilbur would be up and about, whisking and kneading dough, mixing ingredients with a twinkle in his eye. His bakery was a magical place where the aroma of chocolate chip cookies mingled with the scent of freshly brewed coffee, and the shelves were adorned with treats that looked almost too good to eat.

One fine day, as Wilbur was decorating a towering birthday cake with swirls of buttercream frosting, he heard a soft tap-tap-tap at the bakery door. Curious, he wiped his floury hands on his apron and opened the door to reveal a small, scruffy dog with big, pleading eyes.

"Well, hello there, little friend," Wilbur greeted with a warm smile, kneeling down to pat the dog's head. "What brings you to Wilbur's Whimsical Bakery?"

The dog wagged its tail enthusiastically and nudged Wilbur's leg with its nose. "Woof! Woof!" it barked, its eyes darting towards the tantalizing display of treats.

Wilbur chuckled softly. "Ah, I see you have a sweet tooth. How about a biscuit?" He reached behind the counter and offered the dog a homemade biscuit shaped like a bone.

The dog eagerly accepted the biscuit, wagging its tail even faster. It sat down on the bakery floor and nibbled contentedly while Wilbur resumed his work on the birthday cake, humming a merry tune under his breath.

As Wilbur put the finishing touches on the cake—a cascade of rainbow sprinkles and delicate sugar flowers—the bakery door swung open once again, this time revealing a trio of mischievous mice wearing tiny aprons and chef's hats.

"Goodness gracious!" exclaimed Wilbur, nearly dropping his frosting spatula. "What a surprise! Are you here for a baking lesson?"

The mice squeaked excitedly and nodded their heads. "Squeak! Squeak!" they replied in unison, their whiskers twitching with anticipation.

Wilbur chuckled and gestured towards his work table. "Very well, then! Let's bake something magical together." He taught the mice how to measure flour, crack eggs, and mix batter until they had crafted the tiniest, most perfect mini-cupcakes Cherryville had ever seen.

With bellies full of mini-cupcakes and hearts bursting with gratitude, the mice bid farewell to Wilbur and scurried off into the bakery shelves, where they would spend their days experimenting with new recipes and delighting in the joy of baking.

Just as Wilbur was tidying up after his unexpected baking lesson, the bell above the bakery door chimed once more. This time, a group of children from Cherryville's orphanage entered, their faces bright with excitement.

"Good afternoon, Mr. Wilbur!" greeted the eldest girl, Rosie, with a wide grin. "We heard you make the best cookies in town. Could we please have some?"

Wilbur beamed at the children, his heart swelling with warmth. "Of course, my dear ones! Please, help yourselves." He led them to a cozy corner of the bakery where he had laid out an assortment of freshly baked cookies—chocolate chip, oatmeal raisin, and sugar cookies shaped like stars and hearts.

The children's eyes widened with delight as they devoured the cookies, their laughter echoing through the bakery. Wilbur joined in their merriment, telling them stories of his adventures in baking and sharing his secret ingredient for the perfect cookie—love.

As the sun began to set behind the hills of Cherryville, casting a warm glow over Wilbur's Whimsical Bakery, Rosie and the other children bid farewell to Wilbur with hugs and promises to return soon.

Alone once more in his cozy bakery, Wilbur sighed contentedly. He glanced around at the shelves filled with baked goods and the warm glow of the oven casting flickering shadows on the walls. "What a wonderful day," he murmured to himself, wiping a tear of happiness from his eye.

Little did Wilbur know that his kindness and talent for baking had touched the hearts of everyone in Cherryville—from the scruffy dog to the mischievous mice and the children from the orphanage. His bakery was not just a place for delicious treats; it was a haven of warmth and joy for all who entered its doors.

And as Wilbur locked up the bakery for the night and headed home, he couldn't help but feel grateful for the gift he had discovered—the gift of spreading happiness, one sweet treat at a time.

Wilburs Fantastiska Bakningsäventyr

I den livliga staden Körsbärsdal, gömd mellan rullande kullar och porlande bäckar, stod ett pittoreskt litet bageri känt som "Wilburs Fantasifulla Bageri." Det ägdes av ingen annan än Wilbur själv – en bagare med ett hjärta lika varmt som hans nybakade kanelbullar och en fantasi lika kreativ som hans färgglada cupcakes.

Varje morgon, innan solen kittlade taken med sitt gyllene ljus, var Wilbur uppe och igång, vispande och knådande deg, blandande ingredienser med ett glimt i ögat. Hans bageri var en magisk plats där doften av chokladbitar korsade med doften av nybryggt kaffe, och hyllorna var prydda med godsaker som såg nästan för goda ut att äta.

En fin dag, när Wilbur dekorerade en hög födelsedagstårta med virvlar av smörkrämsfrostning, hörde han en mjuk knack-knack-knack vid bageridörren. Nyfiken torkade han sina mjöliga händer på förklädet och öppnade dörren för att avslöja en liten, luggsliten hund med stora, bönande ögon.

"Nå, hej där, lilla vän," hälsade Wilbur med ett varmt leende, knäböjde för att klappa hundens huvud. "Vad för dig till Wilburs Fantasifulla Bageri?"

Hunden viftade ivrigt på svansen och nudade Wilburs ben med nosen. "Vov! Vov!" skällde den, dess ögon rörde sig mot den lockande skärmen av godsaker.

Wilbur skrattade mjukt. "Åh, jag ser att du har en sötsak. Vad sägs om en kex?" Han sträckte sig bakom disken och erbjöd hunden en hemlagad kex formad som ett ben.

Hunden accepterade ivrigt kexet, viftade svansen ännu snabbare. Den satte sig på bagerigolvet och gnagde nöjt medan Wilbur återupptog sitt arbete med födelsedagstårtan, nynnande en glad melodi för sig själv.

När Wilbur satte de sista toucherna på tårtan – en kaskad av regnbågens strössel och delikata sockerblommor – svängde bageridörren öppen igen, den här gången avslöjade en trio av busiga möss som bar små förkläden och kockhättor.

"Gud nåde oss!" utbrast Wilbur, nästan släppa sin frostningsspatel. "Vilken överraskning! Är ni här för en bakningslektion?"

Mössen pipade exalterat och nickade med sina huvuden. "Pip! Pip!" svarade de i kör, deras morrhår ryckte med förväntan.

Wilbur skrattade och gestikulerade mot sitt arbetsbord. "Mycket bra då! Låt oss baka något magiskt tillsammans." Han lärde mössen hur man mäter mjöl, knäcker ägg och blandar smet tills de hade skapat de minsta, mest perfekta mini-cupcakes Körsbärsdal någonsin hade sett.

Med magar fulla av mini-cupcakes och hjärtan som sprängdes av tacksamhet sa mössen adjö till Wilbur och sprang iväg in i bagerihyllorna, där de skulle tillbringa sina dagar att experimentera med nya recept och njuta av bakningens glädje.

Precis när Wilbur städade upp efter sin oväntade bakningslektion, ringde klockan ovanför bageridörren en gång till. Den här gången gick en grupp barn från Körsbärsdalens barnhem in, deras ansikten lyser av spänning.

"God eftermiddag, Herr Wilbur!" hälsade den äldsta flickan, Rosie, med ett brett leende. "Vi hörde att du gör de bästa kakorna i staden. Kan vi få några, snälla?"

Wilbur strålade mot barnen, hans hjärta svällde av värme. "Men självklart, mina kära! Var så goda." Han ledde dem till ett mysigt hörn av bageriet där han hade dukat upp en mängd nybakade kakor – chokladbitar, havregryn och sockerkakor formade som stjärnor och hjärtan.

Barnens ögon vidgades av förtjusning när de slukade kakorna, deras skratt ekade genom bageriet. Wilbur anslöt sig till deras glädje, berättade för dem historier om sina äventyr i bakning och delade med sig av sitt hemliga ingrediens för den perfekta kakan – kärlek.

När solen började sänka sig bakom Körsbärsdalens kullar, kastade en varm glöd över Wilburs Fantasifulla Bageri, sa Rosie och de andra barnen adjö till Wilbur med kramar och löften om att återvända snart.

Ensam igen i sitt mysiga bageri, suckade Wilbur nöjt. Han kollade runt på hyllorna fyllda med bakverk och ugnens varma sken kastade flimrande skuggor på väggarna. "Vilken underbar dag," mumlade han för sig själv, torkade en tår av lycka från sitt öga.

Lilla visste Wilbur att hans vänlighet och talang för bakning hade rört hjärtat av alla i Körsbärsdal – från den luggslitna hunden till de busiga mössen och barnen från barnhemmet. Hans bageri var inte bara en plats för läckra godsaker; det var en fristad av värme och glädje för alla som gick in genom dess dörrar.

Och när Wilbur låste bageriet för natten och gick hem, kunde han inte låta bli att känna sig tacksam för den gåva han hade upptäckt – gåvan att sprida lycka, en söt behandling åt gången.

Harry the Hedgehog and the Grand Garden Adventure

In the charming village of Thistledown, nestled amidst lush meadows and sparkling streams, lived a little hedgehog named Harry. Harry was not just any hedgehog; he had a remarkable knack for solving puzzles and a heart brimming with curiosity.

Harry's home was a cozy burrow beneath an ancient oak tree, lined with soft moss and twinkling fairy lights that he had collected over the years. Every evening, as the sun set and the stars began to twinkle, Harry would curl up with a good book, dreaming of adventures beyond the meadows.

One sunny morning, as Harry was enjoying his breakfast of crunchy beetles and sweet berries, he heard a commotion outside his burrow. Poking his nose out, he saw a group of woodland creatures gathered around an old map, chattering excitedly.

"What's all the fuss about?" Harry asked, waddling over to join his friends.

"It's a treasure map!" exclaimed Bella the bunny, her fluffy tail twitching with excitement. "We found it hidden under a rock near the stream."

Harry's eyes sparkled with curiosity. "A treasure map, you say? Let's have a look!"

The map was old and tattered, with faded ink and cryptic symbols. But Harry, with his sharp eyes and clever mind, quickly deciphered the clues. The treasure, it seemed, was hidden in the heart of Mr. Green's Garden—a place known for its beautiful flowers, towering hedges, and delicious vegetables.

"To Mr. Green's Garden we go!" declared Harry, holding the map high.

The journey to Mr. Green's Garden was an adventure in itself. The group—Harry, Bella, Oliver the owl, and Timmy the toad—traveled through the meadows, across babbling brooks, and beneath the shade of whispering willows. Along the way, they encountered various challenges, but Harry's problem-solving skills and the group's teamwork saw them through.

Finally, they arrived at the grand entrance of Mr. Green's Garden. The garden was a riot of colors, with rows of vibrant flowers, neatly trimmed hedges, and an array of vegetables that made their mouths water. However, the map indicated that the treasure was buried near a peculiar-looking tree at the center of the garden.

Sneaking past Mr. Green, who was busy tending to his roses, the group made their way to the tree. It was a magnificent old oak with a hollow trunk that seemed perfect for hiding a treasure. Harry inspected the map again and began to dig at the base of the tree.

Before long, Harry's little paws struck something hard. With a few more scrapes and scratches, he uncovered a small wooden chest bound with rusty metal bands.

"We found it!" cried Bella, clapping her paws in delight.

Harry carefully opened the chest, and inside, they discovered a collection of glittering jewels, old coins, and a curious-looking key.

"Wow! This must be the treasure!" exclaimed Timmy, his eyes wide with wonder.

But Harry's attention was drawn to the key. "I wonder what this key unlocks," he mused, turning it over in his paws.

As they pondered over the key, Mr. Green appeared, having noticed the commotion. Instead of being angry, he was intrigued by the discovery.

"Well, well, what do we have here?" he asked, peering at the chest.

"We found a treasure in your garden, Mr. Green," Harry explained, showing him the map and the key.

Mr. Green smiled warmly. "Ah, the key to the old greenhouse! It has been lost for years. The greenhouse is a magical place, filled with rare plants and flowers that bloom all year round."

With Mr. Green's guidance, they made their way to the old greenhouse at the far end of the garden. The key fit perfectly into the rusty lock, and with a creak, the door swung open to reveal a breathtaking sight. Inside, the greenhouse was a riot of colors and scents, with flowers of every hue and plants that seemed to dance in the dappled sunlight.

Harry and his friends were in awe. They spent the rest of the day exploring the magical greenhouse, marveling at the wonders within. Mr. Green, grateful for their discovery, shared stories of the rare plants and even gave them some seeds to plant in their own homes.

As the sun began to set, Harry and his friends bid farewell to Mr. Green and made their way back to Thistledown. They were tired but happy, their hearts filled with the magic of the day's adventure.

Back at his cozy burrow, Harry placed the seeds carefully in a pot by the window. As he curled up with a good book that night, he couldn't help but smile, thinking of the grand adventure and the treasures they had found—not just in the chest, but in the friendships and memories they had made.

From that day on, Harry was known as the hedgehog with a heart full of adventure and a garden that bloomed with the magic of Mr. Green's greenhouse. And every time the flowers in his pot began to bloom, he was reminded of the whimsical adventure that had begun with a simple treasure map.

Harry Igelkottens Storslagna Trädgårdsäventyr

———

I den charmiga byn Tistelbo, gömd bland frodiga ängar och glittrande bäckar, bodde en liten igelkott vid namn Harry. Harry var inte vilken igelkott som helst; han hade en anmärkningsvärd förmåga att lösa pussel och ett hjärta fyllt av nyfikenhet.

Harrys hem var en mysig lya under en gammal ek, inredd med mjuk mossa och glittrande fe-ljus som han hade samlat genom åren. Varje kväll, när solen gick ner och stjärnorna började glittra, kröp Harry ihop med en bra bok och drömde om äventyr bortom ängarna.

En solig morgon, medan Harry njöt av sin frukost av knapriga skalbaggar och söta bär, hörde han ett oväsen utanför sin lya. Han stack ut nosen och såg en grupp skogsdjur samlade runt en gammal karta, ivrigt pratande.

"Vad är det som händer?" frågade Harry och vaggade över för att ansluta sig till sina vänner.

"Det är en skattkarta!" utropade Bella kaninen, hennes fluffiga svans ryckte av upphetsning. "Vi hittade den gömd under en sten vid bäcken."

Harrys ögon glittrade av nyfikenhet. "En skattkarta, säger du? Låt oss ta en titt!"

Kartan var gammal och trasig, med blekt bläck och kryptiska symboler. Men Harry, med sina skarpa ögon och kloka sinne, löste snabbt ledtrådarna. Skatten, visade det sig, var gömd i hjärtat av Herr Gröns Trädgård—en plats känd för sina vackra blommor, höga häckar och läckra grönsaker.

"Till Herr Gröns Trädgård går vi!" förklarade Harry och höll kartan högt.

Resan till Herr Gröns Trädgård var ett äventyr i sig. Gruppen—Harry, Bella, Oliver ugglan och Timmy paddan—reste genom ängarna, över porlande bäckar och under skuggorna av viskande pilträd. På vägen mötte de olika utmaningar, men Harrys problemlösningsförmåga och gruppens teamwork såg dem genom.

Till slut kom de till den stora ingången av Herr Gröns Trädgård. Trädgården var en explosion av färger, med rader av livfulla blommor, prydligt trimmade häckar och en mängd grönsaker som fick deras munnar att vattnas. Men kartan visade att skatten var begravd nära ett märkligt träd i mitten av trädgården.

Smygandes förbi Herr Grön, som var upptagen med att sköta sina rosor, tog sig gruppen fram till trädet. Det var en magnifik gammal ek med en ihålig stam som verkade perfekt för att gömma en skatt. Harry inspekterade kartan igen och började gräva vid trädets bas.

Inom kort stötte Harrys små tassar på något hårt. Med några fler skrapor och krafs, avslöjade han en liten träkista bunden med rostiga metallband.

"Vi hittade den!" ropade Bella och klappade sina tassar av glädje.

Harry öppnade försiktigt kistan, och inuti fann de en samling glittrande juveler, gamla mynt och en nyfiken nyckel.

"Wow! Det här måste vara skatten!" utropade Timmy, hans ögon stora av förundran.

Men Harrys uppmärksamhet drogs till nyckeln. "Jag undrar vad den här nyckeln låser upp," funderade han och vände den över i sina tassar.

Medan de funderade över nyckeln, dök Herr Grön upp, efter att ha märkt oväsendet. Istället för att bli arg, var han nyfiken på upptäckten.

"Nå, nå, vad har vi här?" frågade han och kikade på kistan.

"Vi hittade en skatt i din trädgård, Herr Grön," förklarade Harry och visade honom kartan och nyckeln.

Herr Grön log varmt. "Åh, nyckeln till det gamla växthuset! Den har varit förlorad i åratal. Växthuset är en magisk plats, fylld med sällsynta växter och blommor som blommar året runt."

Med Herr Gröns vägledning, tog de sig till det gamla växthuset längst bort i trädgården. Nyckeln passade perfekt i det rostiga låset, och med ett knarr öppnade sig dörren för att avslöja en fantastisk syn. Inuti var växthuset en explosion av färger och dofter, med blommor av varje nyans och växter som verkade dansa i det fläckiga solljuset.

Harry och hans vänner var förundrade. De tillbringade resten av dagen med att utforska det magiska växthuset, beundrande underverken inom det. Herr Grön, tacksam för deras upptäckt, delade berättelser om de sällsynta växterna och gav dem till och med några frön att plantera i sina egna hem.

När solen började gå ner, sa Harry och hans vänner adjö till Herr Grön och tog sig tillbaka till Tistelbo. De var trötta men lyckliga, deras hjärtan fyllda med dagens magiska äventyr.

Tillbaka i sin mysiga lya, placerade Harry fröna försiktigt i en kruka vid fönstret. När han kröp ihop med en bra bok den kvällen, kunde han inte låta bli att le, tänkande på det storslagna äventyret och skatterna de hade funnit—inte bara i kistan, utan i vänskapen och minnena de hade skapat.

Från den dagen var Harry känd som igelkotten med ett hjärta fullt av äventyr och en trädgård som blomstrade med magin från Herr Gröns växthus. Och varje gång blommorna i hans kruka började blomma, blev han påmind om det fantasifulla äventyret som hade börjat med en enkel skattkarta.

Leo the Lion and the Amazing Jungle Quest

In the heart of the African savanna, under the wide, blue sky, lived a young lion named Leo. Leo was not just any lion; he had a mane that shimmered like the golden sun and a heart full of courage and kindness. Unlike other lions, who spent most of their time basking in the sun, Leo was always on the lookout for new adventures.

One bright morning, as Leo was taking a stroll along the riverbank, he heard a commotion in the jungle. The sound of chirping birds, rustling leaves, and excited chatter filled the air. Curious, Leo followed the noise until he reached a clearing where a group of animals had gathered around a large, ancient map.

"What's going on here?" Leo asked, his golden eyes twinkling with curiosity.

"It's a map to the legendary Treasure of the Jungle!" exclaimed Zuri the zebra, her stripes quivering with excitement. "We found it hidden in a cave by the waterfall."

Leo's heart raced with excitement. A treasure hunt was just the kind of adventure he had been looking for. "May I join you?" he asked eagerly.

"Of course, Leo!" said Kofi the elephant, his trunk swinging with joy. "With your strength and bravery, we'll surely find the treasure."

The group set off on their quest: Leo the lion, Zuri the zebra, Kofi the elephant, and Malaika the monkey, who was an expert in climbing trees and finding hidden paths. They ventured deep into the jungle, guided by the ancient map and their shared sense of adventure.

Their journey was filled with challenges. They had to cross a river filled with crocodiles, climb steep cliffs, and navigate through dense, thorny bushes. But with Leo's leadership, Kofi's strength, Zuri's speed, and Malaika's agility, they overcame every obstacle that came their way.

One evening, as the sun set and painted the sky in hues of orange and pink, the group found themselves at the entrance of a dark cave. According to the map, the treasure was hidden inside. But the cave was guarded by a giant, old tortoise named Tamu.

"Who dares enter my cave?" Tamu asked in a deep, rumbling voice.

"We are on a quest to find the Treasure of the Jungle," Leo explained respectfully. "May we enter, please?"

Tamu peered at them with his wise, ancient eyes. "Only those with true courage and pure hearts may enter," he said slowly. "You must solve my riddle to prove your worth."

The group huddled together as Tamu presented his riddle: "I am not alive, but I can grow. I don't have lungs, but I need air. What am I?"

Leo thought hard, his mane glistening in the dim light of the cave entrance. Suddenly, his eyes lit up. "A fire!" he exclaimed. "The answer is a fire."

Tamu smiled and nodded approvingly. "You are correct, brave lion. You may enter."

Inside the cave, the air was cool and damp. The walls were adorned with glittering crystals, and the floor was covered with soft, green moss. In the center of the cave stood an old wooden chest, bound with iron bands.

With bated breath, Leo and his friends approached the chest. Leo gently lifted the lid, revealing the treasure inside: an assortment of glittering jewels, ancient coins, and a magnificent crown.

"We found it!" Zuri cheered, her eyes wide with amazement.

"But there's more," Leo said, picking up an old scroll from the chest. He unrolled it carefully and read aloud: "To those who find this treasure, may you use it to bring joy and prosperity to the jungle. Share it with your friends and protect the harmony of this land."

The group nodded in agreement. They knew that the true treasure was not just the jewels and coins, but the adventure they had shared and the bond they had formed.

With the treasure chest in tow, they made their way back to the heart of the jungle. Along the way, they distributed the jewels and coins among the animals they met, spreading joy and gratitude throughout the land.

When they finally returned to their home in the savanna, Leo placed the magnificent crown on a high rock for all to see. It served as a reminder of their amazing quest and the importance of courage, friendship, and generosity.

From that day on, Leo was celebrated as the bravest and kindest lion in the jungle. His story of the great treasure hunt was told for generations, inspiring young animals to be brave, kind, and always ready for an adventure.

And as the sun set each evening, casting a golden glow over the savanna, Leo would sit on his favorite rock, his heart filled with the joy of the journey and the love of his friends, ready for whatever adventure tomorrow might bring.

Lejonet Leo och det Fantastiska Djungeläventyret

I hjärtat av den afrikanska savannen, under den vida blå himlen, bodde ett ungt lejon vid namn Leo. Leo var inte vilket lejon som helst; han hade en man som skimrade som den gyllene solen och ett hjärta fyllt av mod och vänlighet. Till skillnad från andra lejon, som tillbringade största delen av tiden med att sola sig, var Leo alltid på jakt efter nya äventyr.

En solig morgon, när Leo promenerade längs flodstranden, hörde han ett oväsen i djungeln. Ljudet av kvittrande fåglar, prasslande löv och uppspelta röster fyllde luften. Nyfiken följde Leo ljudet tills han nådde en glänta där en grupp djur hade samlats runt en stor, gammal karta.

"Vad händer här?" frågade Leo, hans gyllene ögon glittrande av nyfikenhet.

"Det är en karta till den legendariska Djungelskatten!" utropade Zuri zebran, hennes ränder darrande av upphetsning. "Vi hittade den gömd i en grotta vid vattenfallet."

Leos hjärta slog snabbare av spänning. En skattjakt var precis det äventyr han hade letat efter. "Får jag följa med?" frågade han ivrigt.

"Såklart, Leo!" sa Kofi elefanten, hans snabel svängande av glädje. "Med din styrka och ditt mod kommer vi säkert hitta skatten."

Gruppen gav sig av på sitt uppdrag: Leo lejonet, Zuri zebran, Kofi elefanten och Malaika apan, som var expert på att klättra i träd och hitta gömda stigar. De vandrade djupt in i djungeln, ledda av den gamla kartan och deras gemensamma äventyrslust.

Deras resa var fylld med utmaningar. De var tvungna att korsa en flod full av krokodiler, klättra branta klippor och navigera genom täta, taggiga buskar. Men med Leos ledarskap, Kofis styrka, Zuris snabbhet och Malaikas smidighet, övervann de varje hinder som kom i deras väg.

En kväll, när solen gick ner och målade himlen i nyanser av orange och rosa, befann sig gruppen vid ingången till en mörk grotta. Enligt kartan var skatten gömd där inne. Men grottan vaktades av en jätte, gammal sköldpadda vid namn Tamu.

"Vem vågar gå in i min grotta?" frågade Tamu med en djup, mullrande röst.

"Vi är på ett uppdrag att hitta Djungelskatten," förklarade Leo respektfullt. "Får vi gå in, snälla?"

Tamu granskade dem med sina visa, gamla ögon. "Endast de med sant mod och rena hjärtan får gå in," sa han långsamt. "Ni måste lösa min gåta för att bevisa ert värde."

Gruppen samlades när Tamu presenterade sin gåta: "Jag är inte levande, men jag kan växa. Jag har inga lungor, men jag behöver luft. Vad är jag?"

Leo tänkte intensivt, hans man glittrande i det svaga ljuset vid grottans ingång. Plötsligt lyste hans ögon upp. "En eld!" utropade han. "Svaret är en eld."

Tamu log och nickade godkännande. "Du har rätt, modiga lejon. Ni får gå in."

Inuti grottan var luften sval och fuktig. Väggarna var täckta med glittrande kristaller, och golvet var täckt med mjuk, grön mossa. I mitten av grottan stod en gammal träkista, bunden med järnband.

Med andan i halsen närmade sig Leo och hans vänner kistan. Leo lyfte försiktigt locket och avslöjade skatten inuti: en samling glittrande juveler, gamla mynt och en magnifik krona.

"Vi hittade den!" jublade Zuri, hennes ögon stora av förundran.

"Men det finns mer," sa Leo och plockade upp en gammal pergamentrulle från kistan. Han rullade försiktigt upp den och läste högt: "Till de som hittar denna skatt, må ni använda den för att bringa glädje och välstånd till djungeln. Dela den med era vänner och skydda denna lands harmoni."

Gruppen nickade instämmande. De visste att den sanna skatten inte bara var juvelerna och mynten, utan äventyret de delat och banden de knutit.

Med skattkistan i släptåg begav de sig tillbaka till hjärtat av djungeln. På vägen delade de ut juveler och mynt bland de djur de mötte, spred glädje och tacksamhet genom landet.

När de slutligen återvände till sitt hem på savannen, placerade Leo den magnifika kronan på en hög sten för alla att se. Det fungerade som en påminnelse om deras fantastiska uppdrag och vikten av mod, vänskap och generositet.

Från den dagen firades Leo som det modigaste och vänligaste lejonet i djungeln. Hans berättelse om den stora skattjakten berättades i generationer, inspirerande unga djur att vara modiga, vänliga och alltid redo för ett äventyr.

Och när solen gick ner varje kväll, kastade ett gyllene sken över savannen, satt Leo på sin favoritsten, hans hjärta fyllt med resans glädje och vännernas kärlek, redo för vilket äventyr morgondagen kunde föra med sig.

www.ingramcontent.com/pod-product-compliance
Lightning Source LLC
Chambersburg PA
CBHW061352140726
47997CB00003B/1169